Évaluation De Jeux D'Image-Word Feuilles et Solutions

Pour L'Image-Word Des Enfants et Livre Simple De Phrase

Par

Dr. Harry R. Irving, Ed. D.

Illustrations par Graphics Factory

**Complètement
Reproducteur**

**Catégories
Primaires**

**Version
Française**

Order this book online at www.trafford.com
or email orders@trafford.com

Most Trafford titles are also available at major online book retailers.

Note for Librarians: A cataloguing record for this book is available from Library
and Archives Canada at www.collectionscanada.ca/amicus/index-e.html

Printed in Victoria, BC, Canada.

ISBN: 978-1-4269-0664-0 (sc)

ISBN: 978-1-4269-0666-4 (e-book)

*Our mission is to efficiently provide the world's finest, most comprehensive book publishing
service, enabling every author to experience success. To find out how to publish your book, your
way, and have it available worldwide, visit us online at www.trafford.com*

Trafford rev. 8/12/2009

www.trafford.com

North America & international
toll-free: 1 888 232 4444 (USA & Canada)
phone: 250 383 6864 ♦ fax: 812 355 4082

Table des matières

L'Image-Word questionne (18)

Introduction

But

Le but de ce livre est double :

Principalement, ce livre est conçu pour aider des parents et des professeurs dans les qualifications d'arts de la langue des enfants se développants, à la maison et aux niveaux primaires de catégorie d'école.

Secondairement, ce livre d'évaluation, se composant de dix-huit jeux d'image-mot a été développé par l'auteur pour accompagner un Image-Word d'enfants de l'auteur « et un livre simple de phrase « et afin d'évaluer ce que l'enfant a appris.

Description

Ce livre d'évaluation se compose de dix-huit feuilles de jeux d'image-mot, et les solutions, dix questions par jeu, en utilisant les 180 image-mots pris du livre de base de l'auteur, « un Image-Word d'enfants et une phrase simple réservent ».

Suppléments

En plus de cet outil d'évaluation, l'auteur a développé deux outils d'évaluation additionnelle, (1) une recherche de dix-huit mots et les feuilles d'évaluation de jeux de mots croisé réservent et (2) 180 tableaux de conférence et le paquet d'étiquettes de nom ", aussi, pour les buts de mesurer ce que l'enfant a appris, et un livre de coloration de l'image des enfants ", comprenant les 180 images de quelques animaux et choses communes, ces des enfants aura plaisir à colorer, encore, ces suppléments sont conçus pour accompagner le livre de base de l'auteur, « un Image-Word d'enfants et un livre simple de phrase ».

Reproductible

L'auteur accorde à des professeurs la permission de photocopier les pages de ce livre pour l'usage de salle de classe.

En conclusion, est ci-dessous une liste des travaux de l'auteur qui sont a doivent et des parents, les professeurs, et les étudiants sont encouragés à les acheter. Chacun s'est vendu séparément.

1) **« Un Image-Word d'enfants et un livre simple de phrase »**

2) **« Livre de coloration d'image"**
3) **« Livre de jeux de mots croisé de recherche et de Word"**
4) **« Livre de jeux d'Image-Word"**
5) **« Tableaux de conférence et paquet d'étiquettes de nom"**

Jeu 1   **Question 1 0f 10**

Obscurcissez svp dans la bulle à côté de la réponse correcte.

Q.1)   Trouvez le mot ce des matchs cette image.

○ A) voiture

○ B) camion

○ C) avion

○ D) autobus

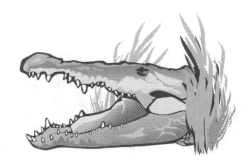

Obscurcissez svp dans la bulle à côté de la réponse correcte.

Q.2) Trouvez le mot ce des matchs cette image.

○ A) chien

○ B) alligator

○ C) cheval

○ D) chat

Obscurcissez svp dans la bulle à côté de la réponse correcte.

Q.3) Trouvez le mot ce des matchs cette image.

       O A) fourmi
       O B) rat
       O C) serpent
       O D) chien

Obscurcissez svp dans la bulle à côté de la réponse correcte.

Q.4) Trouvez le mot ce des matchs cette image.

O A) vache

O B) chien

O C) oiseau

O D) singe

Obscurcissez svp dans la bulle à côté de la réponse correcte.

Q.5) Trouvez le mot ce des matchs cette image.

      O A) poire

      O B) pomme

      O C) carotte

      O D) orange

Obscurcissez svp dans la bulle à côté de la réponse correcte.

Q.6) Trouvez le mot ce des matchs cette image.

       O A) ballon
       O B) boule
       O C) chariot
       O D) voiture

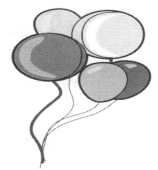

Obscurcissez svp dans la bulle à côté de la réponse correcte.

Q.7) Trouvez le mot ce des matchs cette image.

        ○ A) ballons

        ○ B) cerfs-volants

        ○ C) boules

        ○ D) avions

Obscurcissez svp dans la bulle à côté de la réponse correcte.

Q.8) Trouvez le mot ce des matchs cette image.

    ○ A) oranges

    ○ B) pommes

    ○ C) cerises

    ○ D) bananes

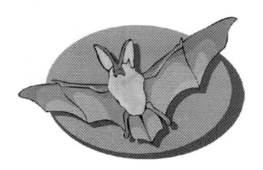

Obscurcissez svp dans la bulle à côté de la réponse correcte.

Q.9) Trouvez le mot ce des matchs cette image.

     ○ A) batte

     ○ B) mouche

     ○ C) papillon

     ○ D) perroquet

Obscurcissez svp dans la bulle à côté de la réponse correcte.

Q.10) Trouvez le mot ce des matchs cette image.

      ○ A) vache

      ○ B) cheval

      ○ C) ours

      ○ D) eléphant

Jeu 2   **Question 1 0f 10**

Obscurcissez svp dans la bulle à côté de la réponse correcte.

Q.1) Trouvez le mot ce des matchs cette image.

        O A) fourneau

        O B) lit

        O C) chaise

        O D) tableau

Obscurcissez svp dans la bulle à côté de la réponse correcte.

Q.2) Trouvez le mot ce des matchs cette image.

○ A) voiture

○ B) chariot

○ C) bateau

○ D) bicyclette

Obscurcissez svp dans la bulle à côté de la réponse correcte.

Q.3) Trouvez le mot ce des matchs cette image.

      ○ A) oiseau

      ○ B) batte

      ○ C) perroquet

      ○ D) chat

Obscurcissez svp dans la bulle à côté de la réponse correcte.

Q.4) Trouvez le mot ce des matchs cette image.

         ○ A) camion

         ○ B) chariot

         ○ C)   bateau

         ○ D) voiture

Obscurcissez svp dans la bulle à côté de la réponse correcte.

Q.5) Trouvez le mot ce des matchs cette image.

○ A) livre

○ B) boîte

○ C) porte

○ D) crayon

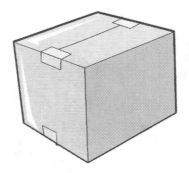

Obscurcissez svp dans la bulle à côté de la réponse correcte.

Q.6) Trouvez le mot ce des matchs cette image.

        ○ A) gâteau

        ○ B) livre

        ○ C) boîte

        ○ D) porte

Obscurcissez svp dans la bulle à côté de la réponse correcte.

Q.7) Trouvez le mot ce des matchs cette image.

○ A) cuvette

○ B) fourchette

○ C) verre

○ D) pot

Obscurcissez svp dans la bulle à côté de la réponse correcte.

Q.8) Trouvez le mot ce des matchs cette image.

    ○ A) garçon

    ○ B) bébé

    ○ C) papillon

    ○ D) renard

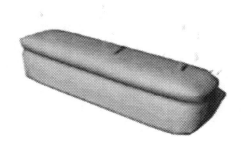

Obscurcissez svp dans la bulle à côté de la réponse correcte.

Q.9) Trouvez le mot ce des matchs cette image.

O A) pâté en croûte

O B) gâteau

O C) pain

O D) beurre

Obscurcissez svp dans la bulle à côté de la réponse correcte.

Q.10) Trouvez le mot ce des matchs cette image.

      ○ A) cheval
      ○ B) buffalo
      ○ C) ours
      ○ D) moutons

Jeu 3   **Question 1 0f 10**

Obscurcissez svp dans la bulle à côté de la réponse correcte.

Q.1) Trouvez le mot ce des matchs cette image.

       ○ A) mouche
       ○ B) escargot
       ○ C) bogue
       ○ D) papillon

Obscurcissez svp dans la bulle à côté de la réponse correcte.

Q.2) Trouvez le mot ce des matchs cette image.

      O A) train

      O B) voiture

      O C)   camion

      O D) autobus

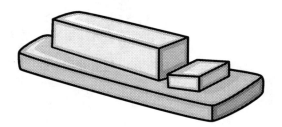

Obscurcissez svp dans la bulle à côté de la réponse correcte.

Q.3) Trouvez le mot ce des matchs cette image.

○ A) beurre

○ B) fromage

○ C) crême glacée

○ D) gâteau

Obscurcissez svp dans la bulle à côté de la réponse correcte.

Q.4) Trouvez le mot ce des matchs cette image.

○ A) fourmi

○ B) mouche

○ C) papillon

○ D) escargot

Obscurcissez svp dans la bulle à côté de la réponse correcte.

Q.5) Trouvez le mot ce des matchs cette image.

        O A) pain

        O B) gâteau

        O C) pâté en croûte

        O D) hot-dog

Obscurcissez svp dans la bulle à côté de la réponse correcte.

Q.6) Trouvez le mot ce des matchs cette image.

      ○ A) eléphant
      ○ B) kangourou
      ○ C) vache
      ○ D) chameau

Obscurcissez svp dans la bulle à côté de la réponse correcte.

Q.7) Trouvez le mot ce des matchs cette image.

        O A) tasse

        O B) gâteau

        O C) bougie

        O D) verre

Obscurcissez svp dans la bulle à côté de la réponse correcte.

Q.8) Trouvez le mot ce des matchs cette image.

        ○ A) veste

        ○ B) chapeau

        ○ C) gant

        ○ D) chaussure

Obscurcissez svp dans la bulle à côté de la réponse correcte.

Q.9) Trouvez le mot ce des matchs cette image.

　　　　　　　　○ A)　bateau
　　　　　　　　○ B)　camion
　　　　　　　　○ C)　voiture
　　　　　　　　○ D)　autobus

Obscurcissez svp dans la bulle à côté de la réponse correcte.

Q.10) Trouvez le mot ce des matchs cette image.

        ○ A) carotte

        ○ B) pomme

        ○ C) poire

        ○ D) pêche

Jeu 4   **Question 1 0f 10**

Obscurcissez svp dans la bulle à côté de la réponse correcte.

Q.1) Trouvez le mot ce des matchs cette image.

        ○ A) chèvre

        ○ B) chat

        ○ C) batte

        ○ D) vache

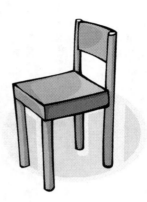

Obscurcissez svp dans la bulle à côté de la réponse correcte.

Q.2) Trouvez le mot ce des matchs cette image.

○ A) tableau
○ B) divan
○ C) lit
○ D) chaise

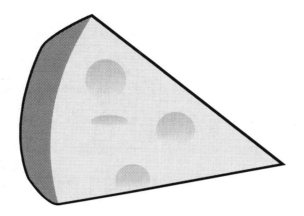

Obscurcissez svp dans la bulle à côté de la réponse correcte.

Q.3) Trouvez le mot ce des matchs cette image.

○ A) hot-dog
○ B) pâté en croûte
○ C) fromage
○ D) gâteau

Obscurcissez svp dans la bulle à côté de la réponse
correcte.

Q.4) Trouvez le mot ce des matchs cette image.

        O A) carotte

        O B) hot-dog

        O C) gâteau

        O D) cheeseburger

Obscurcissez svp dans la bulle à côté de la réponse correcte.

Q.5) Trouvez le mot ce des matchs cette image.

        ○ A) cerises

        ○ B) oranges

        ○ C) poires

        ○ D) ananas

Obscurcissez svp dans la bulle à côté de la réponse
correcte.

Q.6) Trouvez le mot ce des matchs cette image.

        ○ A) batte

        ○ B) rat

        ○ C) poulet

        ○ D) canard

Obscurcissez svp dans la bulle à côté de la réponse correcte.

Q.7) Trouvez le mot ce des matchs cette image.

        O A) église

        O B) école

        O C) chambre

        O D) barrière

Obscurcissez svp dans la bulle à côté de la réponse correcte.

Q.8) Trouvez le mot ce des matchs cette image.

○ A) carotte

○ B) bougie

○ C) cigarette

○ D) crayon

Obscurcissez svp dans la bulle à côté de la réponse correcte.

Q.9) Trouvez le mot ce des matchs cette image.

        ○ A) téléphone

        ○ B) horloge

        ○ C) radio

        ○ D) télévision

Obscurcissez svp dans la bulle à côté de la réponse correcte.

Q.10) Trouvez le mot ce des matchs cette image.

      ○ A) ordinateur
      ○ B) chariot
      ○ C)   livre
      ○ D) chaise

Jeu 5   **Question 1 0f 10**

Obscurcissez svp dans la bulle à côté de la réponse correcte.

Q.1) Trouvez le mot ce des matchs cette image.

○ A) pommes

○ B) pain

○ C) oranges

○ D) biscuits

Obscurcissez svp dans la bulle à côté de la réponse correcte.

Q.2) Trouvez le mot ce des matchs cette image.

○ A) tableau

○ B) lit

○ C) divan

○ D) chaise

Obscurcissez svp dans la bulle à côté de la réponse correcte.

Q.3) Trouvez le mot ce des matchs cette image.

        ○ A) vache

        ○ B) cheval

        ○ C) chèvre

        ○ D) moutons

Obscurcissez svp dans la bulle à côté de la réponse correcte.

Q.4) Trouvez le mot ce des matchs cette image.

       O A) verre

       O B) plat

       O C) cuvette

       O D) tasse

Obscurcissez svp dans la bulle à côté de la réponse correcte.

Q.5) Trouvez le mot ce des matchs cette image.

◯ A) ours

◯ B) giraffe

◯ C) buffalo

◯ D) cerfs communs

Obscurcissez svp dans la bulle à côté de la réponse correcte.

Q.6) Trouvez le mot ce des matchs cette image.

        ○ A) chien
        ○ B) chat
        ○ C) tigre
        ○ D) rat

Obscurcissez svp dans la bulle à côté de la réponse
correcte.

Q.7) Trouvez le mot ce des matchs cette image.

        O A) ours de nounours

        O B) singe

        O C) poupée

        O D) chiot

Obscurcissez svp dans la bulle à côté de la réponse correcte.

Q.8) Trouvez le mot ce des matchs cette image.

O A) baleine
O B) dauphin
O C) poissons
O D) méduses

Obscurcissez svp dans la bulle à côté de la réponse correcte.

Q.9) Trouvez le mot ce des matchs cette image.

      ○ A) chambre

      ○ B) barrière

      ○ C) porte

      ○ D) fenêtre

Obscurcissez svp dans la bulle à côté de la réponse correcte.

Q.10) Trouvez le mot ce des matchs cette image.

   O A) veste
   O B) robe
   O C) chapeau
   O D) pantalon

Jeu 6   **Question 1 0f 10**

Obscurcissez svp dans la bulle à côté de la réponse correcte.

Q.1) Trouvez le mot ce des matchs cette image.

         O A) voiture

         O B) tambours

         O C) arbre

         O D) singe

Obscurcissez svp dans la bulle à côté de la réponse correcte.

Q.2) Trouvez le mot ce des matchs cette image.

○ A) chèvre

○ B) vache

○ C) lapin

○ D) canard

Obscurcissez svp dans la bulle à côté de la réponse correcte.

Q.3) Trouvez le mot ce des matchs cette image.

        ○ A) aigle

        ○ B) escargot

        ○ C) zèbre

        ○ D) perroquet

Obscurcissez svp dans la bulle à côté de la réponse correcte.

Q.4) Trouvez le mot ce des matchs cette image.

      O A) doigt
      O B) jambe
      O C) oreille
      O D) oeil

Obscurcissez svp dans la bulle à côté de la réponse correcte.

Q.5) Trouvez le mot ce des matchs cette image.

○ A) oeufs

○ B) lait

○ C) pain

○ D) fromage

Obscurcissez svp dans la bulle à côté de la réponse correcte.

Q.6) Trouvez le mot ce des matchs cette image.

      O A) un
      O B) cinq
      O C) six
      O D) huit

Obscurcissez svp dans la bulle à côté de la réponse correcte.

Q.7) Trouvez le mot ce des matchs cette image.

        ○ A) ours

        ○ B) éléphant

        ○ C) cheval

        ○ D) lion

Obscurcissez svp dans la bulle à côté de la réponse correcte.

Q.8) Trouvez le mot ce des matchs cette image.

O A) nez
O B) oreille
O C) oeil
O D) lèvre

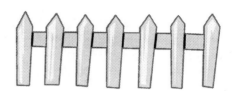

Obscurcissez svp dans la bulle à côté de la réponse
correcte.

Q.9) Trouvez le mot ce des matchs cette image.

       O A) barrière
       O B) chambre
       O C) porte
       O D) l'eau

Obscurcissez svp dans la bulle à côté de la réponse correcte.

Q.10) Trouvez le mot ce des matchs cette image.

○ A) ciel

○ B) le feu

○ C) bogue

○ D) tenez le premier rôle

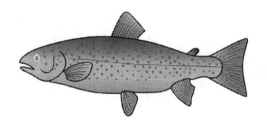

Jeu 7   **Question 1 0f 10**

Obscurcissez svp dans la bulle à côté de la réponse correcte.

Q.1) Trouvez le mot ce des matchs cette image.

       O A) escargot

       O B) crevette

       O C) grenouille

       O D) poissons

Obscurcissez svp dans la bulle à côté de la réponse correcte.

Q.2) Trouvez le mot ce des matchs cette image.

        O A) deux

        O B) cinq

        O C) quatre

        O D) trois

Obscurcissez svp dans la bulle à côté de la réponse correcte.

Q.3) Trouvez le mot ce des matchs cette image.

○ A) drapeau
○ B) cerf-volant
○ C) argent
○ D) livre

Obscurcissez svp dans la bulle à côté de la réponse correcte.

Q.4) Trouvez le mot ce des matchs cette image.

       ○ A) fleur

       ○ B) pomme de terre

       ○ C) tomate

       ○ D) arbre

Obscurcissez svp dans la bulle à côté de la réponse correcte.

Q.5) Trouvez le mot ce des matchs cette image.

         O A) papillon

         O B) fourmi

         O C) drapeau

         O D) mouche

Obscurcissez svp dans la bulle à côté de la réponse
correcte.

Q.6) Trouvez le mot ce des matchs cette image.

        ○ A) cuillère

        ○ B) fourchette

        ○ C) couteau

        ○ D) tasse

Obscurcissez svp dans la bulle à côté de la réponse correcte.

Q.7) Trouvez le mot ce des matchs cette image.

       ○ A) deux
       ○ B) quatre
       ○ C) six
       ○ D) huit

Obscurcissez svp dans la bulle à côté de la réponse correcte.

Q.8) Trouvez le mot ce des matchs cette image.

      ○ A) chat
      ○ B) lion
      ○ C) léopard
      ○ D) renard

Obscurcissez svp dans la bulle à côté de la réponse correcte.

Q.9) Trouvez le mot ce des matchs cette image.

○ A) biscuits

○ B) pommes frites

○ C) hamburger

○ D) soude

Obscurcissez svp dans la bulle à côté de la réponse correcte.

Q.10) Trouvez le mot ce des matchs cette image.

      O A) rat
      O B) chien
      O C) grenouille
      O D) lézard

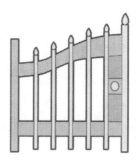

Jeu 8   **Question 1 0f 10**

Obscurcissez svp dans la bulle à côté de la réponse correcte.

Q.1) Trouvez le mot ce des matchs cette image.

      O A) porte
      O B) carte
      O C) barrière
      O D) fenêtre

Obscurcissez svp dans la bulle à côté de la réponse correcte.

Q.2) Trouvez le mot ce des matchs cette image.

      ○ A) buffalo

      ○ B) kangourou

      ○ C) tigre

      ○ D) giraffe

Obscurcissez svp dans la bulle à côté de la réponse correcte.

Q.3) Trouvez le mot ce des matchs cette image.

○ A) fille
○ B) lapin
○ C) chaton
○ D) canard

Obscurcissez svp dans la bulle à côté de la réponse correcte.

Q.4) Trouvez le mot ce des matchs cette image.

○ A) verre

○ B) plat

○ C) cuvette

○ D) tasse

Obscurcissez svp dans la bulle à côté de la réponse correcte.

Q.5) Trouvez le mot ce des matchs cette image.

        O A) chapeau

        O B) chaussures

        O C) gants

        O D) chemise

Obscurcissez svp dans la bulle à côté de la réponse correcte.

Q.6) Trouvez le mot ce des matchs cette image.

○ A) moutons
○ B) chèvre
○ C) porc
○ D) ours

Obscurcissez svp dans la bulle à côté de la réponse correcte.

Q.7) Trouvez le mot ce des matchs cette image.

       ○ A) oranges

       ○ B) poires

       ○ C) pommes

       ○ D) raisins

Obscurcissez svp dans la bulle à côté de la réponse correcte.

Q.8) Trouvez le mot ce des matchs cette image.

       O A) chariot
       O B) pistolet
       O C) voiture
       O D) train

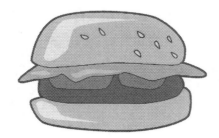

Obscurcissez svp dans la bulle à côté de la réponse correcte.

Q.9) Trouvez le mot ce des matchs cette image.

        O A) maîs éclaté

        O B) hot-dog

        O C) hamburger

        O D) poulet

Obscurcissez svp dans la bulle à côté de la réponse correcte.

Q.10) Trouvez le mot ce des matchs cette image.

○ A) robe

○ B) chemise

○ C) chaussettes

○ D) chapeau

Jeu 9   **Question 1 0f 10**

Obscurcissez svp dans la bulle à côté de la réponse correcte.

Q.1) Trouvez le mot ce des matchs cette image.

○ A) cheval
○ B) giraffe
○ C) vache
○ D) buffalo

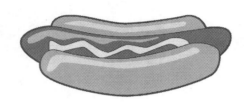

Obscurcissez svp dans la bulle à côté de la réponse correcte.

Q.2) Trouvez le mot ce des matchs cette image.

○ A) cheeseburger
○ B) pizza
○ C) hot-dog
○ D) carotte

Obscurcissez svp dans la bulle à côté de la réponse correcte.

Q.3) Trouvez le mot ce des matchs cette image.

         O A) voiture

         O B) chambre

         O C) camion

         O D) la turquie

Obscurcissez svp dans la bulle à côté de la réponse correcte.

Q.4) Trouvez le mot ce des matchs cette image.

      ○ A) crême glacée
      ○ B) jell-o
      ○ C) gâteau
      ○ D) pudding

Obscurcissez svp dans la bulle à côté de la réponse correcte.

Q.5) Trouvez le mot ce des matchs cette image.

       O A) chapeau

       O B) gants

       O C) veste

       O D) robe

Obscurcissez svp dans la bulle à côté de la réponse correcte.

Q.6) Trouvez le mot ce des matchs cette image.

○ A) serpent

○ B) escargot

○ C) baleine

○ D) méduses

Obscurcissez svp dans la bulle à côté de la réponse correcte.

Q.7) Trouvez le mot ce des matchs cette image.

O A) l'eau
O B) jus
O C) l ait
O D) thé

Obscurcissez svp dans la bulle à côté de la réponse correcte.

Q.8) Trouvez le mot ce des matchs cette image.

    ○ A) kangourou
    ○ B) giraffe
    ○ C) singe
    ○ D) cheval

Obscurcissez svp dans la bulle à côté de la réponse correcte.

Q.9) Trouvez le mot ce des matchs cette image.

          ○ A) cerf-volant

          ○ B) clef

          ○ C) couteau

          ○ D) fourchette

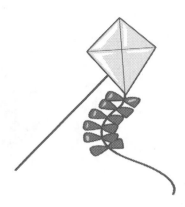

Obscurcissez svp dans la bulle à côté de la réponse correcte.

Q.10) Trouvez le mot ce des matchs cette image.

      ○ A) avion

      ○ B) oiseau

      ○ C) veste

      ○ D) cerf-volant

Jeu 10   **Question 1 0f 10**

Obscurcissez svp dans la bulle à côté de la réponse correcte.

Q.1) Trouvez le mot ce des matchs cette image.

⭕ A) chaton
⭕ B) chiot
⭕ C) chien
⭕ D) canard

Obscurcissez svp dans la bulle à côté de la réponse correcte.

Q.2) Trouvez le mot ce des matchs cette image.

○ A) cuillère
○ B) fourchette
○ C) couteau
○ D) clef

Obscurcissez svp dans la bulle à côté de la réponse correcte.

Q.3) Trouvez le mot ce des matchs cette image.

       O A) échelle

       O B) lampe

       O C) tableau

       O D) chaise

Obscurcissez svp dans la bulle à côté de la réponse correcte.

Q.4) Trouvez le mot ce des matchs cette image.

○ A) horloge
○ B) radio
○ C) téléphone
○ D) lampe

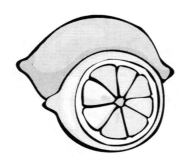

Obscurcissez svp dans la bulle à côté de la réponse correcte.

Q.5) Trouvez le mot ce des matchs cette image.

       O A) citron

       O B) orange

       O C) pomme

       O D) poire

Obscurcissez svp dans la bulle à côté de la réponse correcte.

Q.6) Trouvez le mot ce des matchs cette image.

○ A) lion
○ B) ours
○ C) cheval
○ D) léopard

Obscurcissez svp dans la bulle à côté de la réponse correcte.

Q.7) Trouvez le mot ce des matchs cette image.

        O A) tomate

        O B) laitue

        O C) carotte

        O D) pomme de terre

Obscurcissez svp dans la bulle à côté de la réponse correcte.

Q.8) Trouvez le mot ce des matchs cette image.

⃝ A) lion
⃝ B) tigre
⃝ C) buffalo
⃝ D) cerfs communs

Obscurcissez svp dans la bulle à côté de la réponse correcte.

Q.9) Trouvez le mot ce des matchs cette image.

○ A) serpent

○ B) tortue

○ C) grenouille

○ D) lézard

Obscurcissez svp dans la bulle à côté de la réponse correcte.

Q.10) Trouvez le mot ce des matchs cette image.

        ○ A) homme
        ○ B) pomme
        ○ C) chaton
        ○ D) cerise

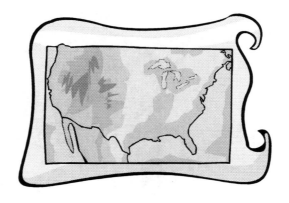

Jeu 11   **Question 1 0f 10**

Obscurcissez svp dans la bulle à côté de la réponse correcte.

Q.1) Trouvez le mot ce des matchs cette image.

                     O A) livre
                     O B) fleur
                     O C) carte
                     O D) horloge

Obscurcissez svp dans la bulle à côté de la réponse
correcte.

Q.2) Trouvez le mot ce des matchs cette image.

         ○ A) café

         ○ B) lait

         ○ C) jus

         ○ D) soude

Obscurcissez svp dans la bulle à côté de la réponse correcte.

Q.3) Trouvez le mot ce des matchs cette image.

       ○ A) argent

       ○ B) laitue

       ○ C) pain

       ○ D) livre

Obscurcissez svp dans la bulle à côté de la réponse correcte.

Q.4) Trouvez le mot ce des matchs cette image.

○ A) zèbre

○ B) raccoon

○ C) chien

○ D) singe

Obscurcissez svp dans la bulle à côté de la réponse correcte.

Q.5) Trouvez le mot ce des matchs cette image.

        O A) buffalo

        O B) moutons

        O C) orignaux

        O D) cheval

Obscurcissez svp dans la bulle à côté de la réponse correcte.

Q.6) Trouvez le mot ce des matchs cette image.

    ○ A) moto

    ○ B) voiture

    ○ C) autobus

    ○ D) chariot

Obscurcissez svp dans la bulle à côté de la réponse correcte.

Q.7) Trouvez le mot ce des matchs cette image.

         ○ A) chiot

         ○ B) lapin

         ○ C) canard

         ○ D) souris

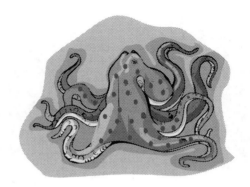

Obscurcissez svp dans la bulle à côté de la réponse correcte.

Q.8) Trouvez le mot ce des matchs cette image.

○ A) poulpe
○ B) méduses
○ C) baleine
○ D) tigre

Obscurcissez svp dans la bulle à côté de la réponse correcte.

Q.9) Trouvez le mot ce des matchs cette image.

      ○ A) dix

      ○ B) un

      ○ C) onze

      ○ D) quatre

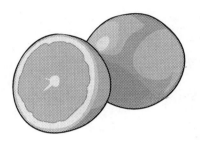

Obscurcissez svp dans la bulle à côté de la réponse correcte.

Q.10) Trouvez le mot ce des matchs cette image.

       ○ A) pommes

       ○ B) pêche

       ○ C) orange

       ○ D) poire

Jeu 12   **Question 1 0f 10**

Obscurcissez svp dans la bulle à côté de la réponse correcte.

Q.1) Trouvez le mot ce des matchs cette image.

⭕ A) hibou
⭕ B) perroquet
⭕ C) batte
⭕ D) canard

Obscurcissez svp dans la bulle à côté de la réponse correcte.

Q.2) Trouvez le mot ce des matchs cette image.

○ A) pot
○ B) casserole
○ C) plat
○ D) crayon

Obscurcissez svp dans la bulle à côté de la réponse correcte.

Q.3) Trouvez le mot ce des matchs cette image.

      ○ A) chemises

      ○ B) jupes

      ○ C) pantalon

      ○ D) chaussettes

Obscurcissez svp dans la bulle à côté de la réponse correcte.

Q.4) Trouvez le mot ce des matchs cette image.

○ A) perroquet

○ B) poulet

○ C) hibou

○ D) singe

Obscurcissez svp dans la bulle à côté de la réponse correcte.

Q.5) Trouvez le mot ce des matchs cette image.

○ A) pomme
○ B) pêche
○ C) cerise
○ D) poire

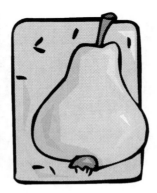

Obscurcissez svp dans la bulle à côté de la réponse correcte.

Q.6) Trouvez le mot ce des matchs cette image.

○ A) poire
○ B) pomme
○ C) pêche
○ D) orange

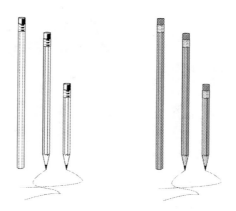

Obscurcissez svp dans la bulle à côté de la réponse correcte.

Q.7) Trouvez le mot ce des matchs cette image.

         O A) pantalon

         O B) plats

         O C) casseroles

         O D) crayons

Obscurcissez svp dans la bulle à côté de la réponse correcte.

Q.8) Trouvez le mot ce des matchs cette image.

○ A) piano
○ B) tableau
○ C) chaise
○ D) divan

Obscurcissez svp dans la bulle à côté de la réponse correcte.

Q.9) Trouvez le mot ce des matchs cette image.

        O A) gâteau
        O B) pâté en croûte
        O C) pizza
        O D) pain

Obscurcissez svp dans la bulle à côté de la réponse correcte.

Q.10) Trouvez le mot ce des matchs cette image.

○ A) moutons

○ B) chèvre

○ C) porc

○ D) chat

Jeu 13   **Question 1 0f 10**

Obscurcissez svp dans la bulle à côté de la réponse correcte.

Q.1) Trouvez le mot ce des matchs cette image.

        ○ A) ananas

        ○ B) banane

        ○ C) pomme de terre

        ○ D) pomme

Obscurcissez svp dans la bulle à côté de la réponse correcte.

Q.2) Trouvez le mot ce des matchs cette image.

○ A) pain
○ B) gâteau
○ C) pizza
○ D) hot-dog

Obscurcissez svp dans la bulle à côté de la réponse
correcte.

Q.3) Trouvez le mot ce des matchs cette image.

○ A) tasses
○ B) verres
○ C) casseroles
○ D) plats

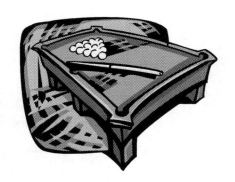

Obscurcissez svp dans la bulle à côté de la réponse correcte.

Q.4) Trouvez le mot ce des matchs cette image.

        ○ A) tableau de piscine

        ○ B) divan

        ○ C) chaise

        ○ D) porte

Obscurcissez svp dans la bulle à côté de la réponse correcte.

Q.5) Trouvez le mot ce des matchs cette image.

        O A) plat

        O B) pot

        O C) casserole

        O D) tableau

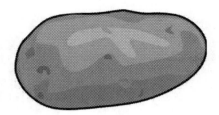

Obscurcissez svp dans la bulle à côté de la réponse correcte.

Q.6) Trouvez le mot ce des matchs cette image.

    ○ A) pomme de terre
    ○ B) tomate
    ○ C) orange
    ○ D) biscuit

Obscurcissez svp dans la bulle à côté de la réponse correcte.

Q.7) Trouvez le mot ce des matchs cette image.

        O A) ananas

        O B) potiron

        O C) fleur

        O D) pomme de terre

Obscurcissez svp dans la bulle à côté de la réponse correcte.

Q.8) Trouvez le mot ce des matchs cette image.

     ○ A) lapin

     ○ B) canard

     ○ C) chiot

     ○ D) chaton

Obscurcissez svp dans la bulle à côté de la réponse correcte.

Q.9) Trouvez le mot ce des matchs cette image.

        ○ A) ours
        ○ B) lapin
        ○ C) souris
        ○ D) canard

Obscurcissez svp dans la bulle à côté de la réponse correcte.

Q.10) Trouvez le mot ce des matchs cette image.

○ A) raccoon

○ B) renard

○ C) cerfs communs

○ D) moutons

Jeu 14   **Question 1 0f 10**

Obscurcissez svp dans la bulle à côté de la réponse correcte.

Q.1) Trouvez le mot ce des matchs cette image.

○ A) téléphone

○ B) télévision

○ C) radio

○ D) ordinateur

Obscurcissez svp dans la bulle à côté de la réponse correcte.

Q.2) Trouvez le mot ce des matchs cette image.

        ○ A) rat
        ○ B) batte
        ○ C) chat
        ○ D) chien

Obscurcissez svp dans la bulle à côté de la réponse correcte.

Q.3) Trouvez le mot ce des matchs cette image.

       ○ A) tasse

       ○ B) casserole

       ○ C) voiture

       ○ D) anneau

Obscurcissez svp dans la bulle à côté de la réponse correcte.

Q.4) Trouvez le mot ce des matchs cette image.

        O A) église

        O B) école

        O C) chambre

        O D) barrière

Obscurcissez svp dans la bulle à côté de la réponse correcte.

Q.5) Trouvez le mot ce des matchs cette image.

      O A) lion
      O B) escargot
      O C) joint
      O D) tigre

Obscurcissez svp dans la bulle à côté de la réponse correcte.

Q.6) Trouvez le mot ce des matchs cette image.

◯ A) quatre

◯ B) cinq

◯ C) six

◯ D) sept

Obscurcissez svp dans la bulle à côté de la réponse
correcte.

Q.7) Trouvez le mot ce des matchs cette image.

      O A) requin

      O B) dauphin

      O C) bateau

      O D) méduses

Obscurcissez svp dans la bulle à côté de la réponse correcte.

Q.8) Trouvez le mot ce des matchs cette image.

○ A) tigre
○ B) ours
○ C) moutons
○ D) raccoon

Obscurcissez svp dans la bulle à côté de la réponse correcte.

Q.9) Trouvez le mot ce des matchs cette image.

○ A) bateau
○ B) autobus
○ C) train
○ D) camion

Obscurcissez svp dans la bulle à côté de la réponse correcte.

Q.10) Trouvez le mot ce des matchs cette image.

        ○ A) robe

        ○ B) chemise

        ○ C) veste

        ○ D) jupe

Jeu 15

Obscurcissez svp dans la bulle à côté de la réponse correcte.

Q.1) Trouvez le mot ce des matchs cette image.

      O A) chaussures

      O B) chaussettes

      O C) pantalon

      O D) chemises

Obscurcissez svp dans la bulle à côté de la réponse correcte.

Q.2) Trouvez le mot ce des matchs cette image.

        O A) trois

        O B) quatre

        O C) cinq

        O D) six

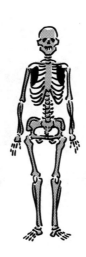

Obscurcissez svp dans la bulle à côté de la réponse correcte.

Q.3) Trouvez le mot ce des matchs cette image.

       O A) arbre

       O B) singe

       O C) squelette

       O D) singe

Obscurcissez svp dans la bulle à côté de la réponse correcte.

Q.4) Trouvez le mot ce des matchs cette image.

       O A) jupe

       O B) chemise

       O C) veste

       O D) robe

Obscurcissez svp dans la bulle à côté de la réponse correcte.

Q.5) Trouvez le mot ce des matchs cette image.

      ○ A) rat

      ○ B) mouffette

      ○ C) lapin

      ○ D) cerfs communs

Obscurcissez svp dans la bulle à côté de la réponse correcte.

Q.6) Trouvez le mot ce des matchs cette image.

    ○ A) le soleil

    ○ B) tient le premier rôle

    ○ C) livre

    ○ D) pâté en croûte

Obscurcissez svp dans la bulle à côté de la réponse correcte.

Q.7) Trouvez le mot ce des matchs cette image.

      ○ A) escargot

      ○ B) tortue

      ○ C) mouche

      ○ D) rat

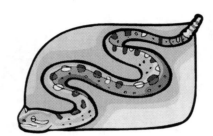

Obscurcissez svp dans la bulle à côté de la réponse correcte.

Q.8) Trouvez le mot ce des matchs cette image.

       ○ A) souris
       ○ B) lézard
       ○ C) serpent
       ○ D) oiseau

Obscurcissez svp dans la bulle à côté de la réponse correcte.

Q.9) Trouvez le mot ce des matchs cette image.

○ A) chaussures

○ B) chaussettes

○ C) pantalon

○ D) chemises

Obscurcissez svp dans la bulle à côté de la réponse correcte.

Q.1o) Trouvez le mot ce des matchs cette image.

○ A) cuillère
○ B) couteau
○ C) fourchette
○ D) crayon

Jeu 16   **Question 1 0f 10**

Obscurcissez svp dans la bulle à côté de la réponse correcte.

Q.1) Trouvez le mot ce des matchs cette image.

- O   A)   rat
- O   B)   écureuil
- O   C)   lapin
- O   D)   chat

Obscurcissez svp dans la bulle à côté de la réponse correcte.

Q.2) Trouvez le mot ce des matchs cette image.

        ○ A)   ordinateur

        ○ B)   tableau

        ○ C)   radio

        ○ D) fourneau

Obscurcissez svp dans la bulle à côté de la réponse correcte.

Q.3) Trouvez le mot ce des matchs cette image.

       O A) le soleil

       O B) lune

       O C) orange

       O D) poupée

Obscurcissez svp dans la bulle à côté de la réponse correcte.

Q.4) Trouvez le mot ce des matchs cette image.

○ A) casserole

○ B) plat

○ C) lunettes de soleil

○ D) oeil

Obscurcissez svp dans la bulle à côté de la réponse correcte.

Q.5) Trouvez le mot ce des matchs cette image.

        ○ A) piscine

        ○ B) porte

        ○ C) barrière

        ○ D) école

Obscurcissez svp dans la bulle à côté de la réponse correcte.

Q.6) Trouvez le mot ce des matchs cette image.

○ A) chaise
○ B) tableau
○ C) divan
○ D) lit

Obscurcissez svp dans la bulle à côté de la réponse correcte.

Q.7) Trouvez le mot ce des matchs cette image.

○ A) ours de nounours
○ B) singe
○ C) chien
○ D) chat

Obscurcissez svp dans la bulle à côté de la réponse correcte.

Q.8) Trouvez le mot ce des matchs cette image.

       ○ A) radio
       ○ B) téléphone
       ○ C) ordinateur
       ○ D) télévision

Obscurcissez svp dans la bulle à côté de la réponse correcte.

Q.9) Trouvez le mot ce des matchs cette image.

          ○ A) téléphone
          ○ B) radio
          ○ C) fourneau
          ○ D) télévision

Obscurcissez svp dans la bulle à côté de la réponse correcte.

Q.10) Trouvez le mot ce des matchs cette image.

O A) sept
O B) huit
O C) neuf
O D) dix

Jeu 17   **Question 1 0f 10**

Obscurcissez svp dans la bulle à côté de la réponse correcte.

Q.1) Trouvez le mot ce des matchs cette image.

       ○ A) un
       ○ B) deux
       ○ C) trois
       ○ D) quatre

Obscurcissez svp dans la bulle à côté de la réponse correcte.

Q.2) Trouvez le mot ce des matchs cette image.

       O A) lion

       O B) tigre

       O C) léopard

       O D) cerfs communs

Obscurcissez svp dans la bulle à côté de la réponse correcte.

Q.3) Trouvez le mot ce des matchs cette image.

       ○ A) tomate

       ○ B) pomme de terre

       ○ C) pomme

       ○ D) orange

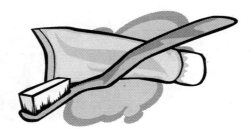

Obscurcissez svp dans la bulle à côté de la réponse correcte.

Q.4) Trouvez le mot ce des matchs cette image.

      ○ A) crayon
      ○ B) brosse à dents
      ○ C) cuillère
      ○ D) couteau

Obscurcissez svp dans la bulle à côté de la réponse correcte.

Q.5) Trouvez le mot ce des matchs cette image.

    ○ A) autobus
    ○ B) train
    ○ C) voiture
    ○ D) chariot

Obscurcissez svp dans la bulle à côté de la réponse correcte.

Q.6) Trouvez le mot ce des matchs cette image.

    ○ A) arbre
    ○ B) trois
    ○ C) fleur
    ○ D) crayon

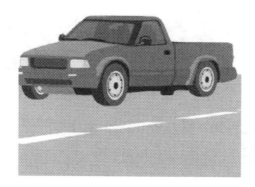

Obscurcissez svp dans la bulle à côté de la réponse correcte.

Q.7) Trouvez le mot ce des matchs cette image.

O A) voiture

O B) autobus

O C) camion

O D) moto

Obscurcissez svp dans la bulle à côté de la réponse correcte.

Q.8) Trouvez le mot ce des matchs cette image.

         O A) trompette

         O B) piano

         O C) tambours

         O D) téléphone

Obscurcissez svp dans la bulle à côté de la réponse
correcte.

Q.9) Trouvez le mot ce des matchs cette image.

         O A) tortue

         O B) la turquie

         O C) poulet

         O D) lapin

Obscurcissez svp dans la bulle à côté de la réponse correcte.

Q.10) Trouvez le mot ce des matchs cette image.

           O A) escargot

           O B) raccoon

           O C) tortue

           O D) lézard

Jeu 18   **Question 1 0f 10**

Obscurcissez svp dans la bulle à côté de la réponse correcte.

Q.1) Trouvez le mot ce des matchs cette image.

 O A) un
 O B) deux
 O C) trois
 O D) quatre

Obscurcissez svp dans la bulle à côté de la réponse correcte.

Q.2) Trouvez le mot ce des matchs cette image.

       O A) parapluie

       O B) livre

       O C) chaise

       O D) robe

Obscurcissez svp dans la bulle à côté de la réponse correcte.

Q.3) Trouvez le mot ce des matchs cette image.

○ A) vase
○ B) fleur
○ C) chaise
○ D) tableau

Obscurcissez svp dans la bulle à côté de la réponse correcte.

Q.4) Trouvez le mot ce des matchs cette image.

○ A) pot
○ B) ananas
○ C) volcan
○ D) carte

Obscurcissez svp dans la bulle à côté de la réponse correcte.

Q.5) Trouvez le mot ce des matchs cette image.

        O A) bateau

        O B) voiture

        O C) camion

        O D) chariot

Obscurcissez svp dans la bulle à côté de la réponse correcte.

Q.6) Trouvez le mot ce des matchs cette image.

○ A) pastèque
○ B) orange
○ C) pizza
○ D) pain

Obscurcissez svp dans la bulle à côté de la réponse correcte.

Q.7) Trouvez le mot ce des matchs cette image.

○ A) moutons
○ B) baleine
○ C) tigre
○ D) vache

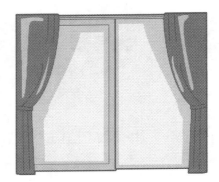

Obscurcissez svp dans la bulle à côté de la réponse correcte.

Q.8) Trouvez le mot ce des matchs cette image.

        O A) porte
        O B) fenêtre
        O C) porte
        O D) barrière

Obscurcissez svp dans la bulle à côté de la réponse correcte.

Q.9) Trouvez le mot ce des matchs cette image.

      ○ A) femme et bébé

      ○ B) chat et chien

      ○ C) poires et orange

      ○ D) fleurs et pot

Obscurcissez svp dans la bulle à côté de la réponse correcte.

Q.10) Trouvez le mot ce des matchs cette image.

          O A) cheval
          O B) vache
          O C) chien
          O D) zèbre

Solutions

Quiz 1	Quiz 2	Quiz 3	Quiz 4
1C	1B	1C	1B
2B	2D	2D	2D
3A	3A	3A	3C
4D	4C	4C	4D
5B	5A	5B	5A
6B	6C	6D	6C
7A	7A	7C	7A
8D	8A	8B	8C
9A	9C	9C	9B
10C	10B	10A	10A

Quiz 5	Quiz 6	Quiz 7	Quiz 8
1D	1B	1 D	1A
2C	2D	2 B	2D
3A	3A	3 A	3A
4D	4C	4 A	4A
5D	5A	5 D	5C
6A	6D	6 B	6B
7C	7B	7 B	7D
8B	8C	8 D	8B
9C	9A	9 B	9C
10B	10B	10 C	10D

Solutions

Quiz 9	Quiz 10	Quiz 11	Quiz 12
1A	1A	1C	1A
2C	2C	2B	2B
3B	3A	3A	3C
4A	4D	4D	4A
5C	5A	5C	5B
6D	6D	6A	6C
7B	7B	7D	7D
8A	8A	8A	8A
9B	9D	9B	9B
10D	10A	10C	10C

Quiz 13	Quiz 14	Quiz 15	Quiz 16
1A	1C	1A	1B
2C	2A	2D	2D
3D	3D	3C	3A
4A	4A	4A	4C
5B	5C	5B	5A
6A	6D	6B	6B
7B	7A	7A	7A
8C	8C	8C	8B
9B	9A	9B	9D
10A	10B	10A	10D

Solutions

Quiz 17	**Quiz 18**
1C	1B
2B	2A
3A	3A
4B	4C
5B	5D
6A	6A
7C	7B
8A	8B
9A	9A
10C	10D